Stielvolle Erfrischung gefällig?

Schlangestehen vor der Eisdiele? Oder Eis im Supermarkt kaufen? Nein danke! Eis machen Sie ruckzuck selbst mit frischen Zutaten und fruchtigem Innenleben. Fein mit echter Vanille oder ausgefallen aus Himbeeren, Litschi und Rosenaroma rühren Sie cool die kleinen Leckereien ganz ohne Eismaschine zusammen. Nur etwas Geduld für das Gefrieren der kleinen Eis am Stiel braucht es, und nach 4–5 Stunden können Groß und Klein genießen.

NÜTZLICHES EIS-AM-STIEL-WISSEN

AUF DEM TITELBILD SEHEN SIE DIE REZEPTE KIWI-HIMBEER-SORBET VON SEITE 19, TONKABOHNEN-EIS MIT ERDBEERMANTEL VON SEITE 27 UND KARDAMOM-MANGO-EIS MIT GRANATAPFEL VON SEITE 44

DARAUF SIND ALLE HEISS

EISKALT ERWISCHT

DAS MACHT EINDRUCK

KLEINE EIS-KUNDE

WARUM SOLL ICH EIS SELBER MACHEN?

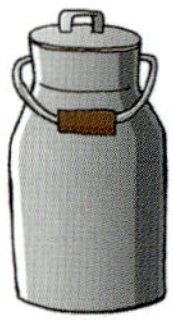

WELCHE ZUTATEN EIGNEN SICH FÜR DIE EISHERSTELLUNG?

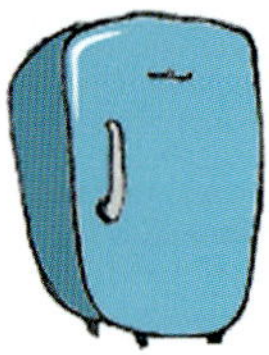

KANN ICH EIS AUFBEWAHREN?

WIE BRINGE ICH DAS EIS IN FORM?

WIE BRINGE ICH ES AM BESTEN AUS DER FORM?

Frisch, voller Aromen und Qualität, so können Sie Eis einfach selbst herstellen. Sie werden den Unterschied zu gekauftem Eis schnell schmecken. Es ist frei von Konservierungsmitteln, mit unverfälschtem Geschmack von frischen, hochwertigen Zutaten – so macht Eis Spaß, bringt erfrischenden Genuss und schont dazu noch den Geldbeutel.
Eis am Stiel können Sie mit überraschend wenig Aufwand selber machen, auch ohne Eismaschine. Außerdem können Sie es vorproduzieren, auch auf eventuelle Lebensmittelunverträglichkeiten oder -allergien eingehen. Beispielsweise können milchhaltige Produkte durch Sojaprodukte ausgetauscht werden, Honig, Agaven- oder Ahornsirup als Alternative zu Zucker gewählt werden etc. Somit sind Sie flexibel und können Ihre eiskalten Phantasien kreativ ausleben.

Milch, Sahne, Eier, Früchte, Alkohol, Puderzucker oder Sirup – mehr brauchen Sie für die private Gelateria nicht. Verwenden Sie immer beste Qualität und wirklich frische Produkte. Eier und Milchprodukte sollten ganz frisch sein, Früchte vollreif, außerdem unversehrt, so sind sie aromatisch und nicht zu sauer. Überreife Früchte beeinträchtigen den Geschmack.
Sahne und Eigelb machen das Eis schön cremig; okay, das schlägt gerne auf die Hüften, aber die Portionen sind ja ziemlich klein, also darf eine eiskalte Sünde schon mal sein. Sahne, Mascarpone oder saure Sahne können auch durch etwas leichtere Milchprodukte wie Joghurt oder Quark ersetzt werden. Sorbets sind zwar fettarm, haben dafür aber meist mehr Zucker.

Selbst gemachtes Eis ist **ganz frisch** am besten. Eis aus rohen Zutaten kann etwa 1 Woche im Gefrierschrank aufbewahrt werden. Eis aus halbgekochten Zutaten etwa 2 Wochen. Sorbets bleiben 1–2 Wochen im Kühlfach aromatisch und frisch.

Am besten sind Eisformen mit passendem Stiel, sogenannte **Ice-Pops aus Kunststoff,** aus dem Fachhandel. Einfach die Eismasse einfüllen, die Form verschließen und in den dazugehörigen Ständer stellen, dann in den Kälteschlaf schicken. Alternativ eignen sich kleine **Plastikgläser** (Weinprobiergläser), leere Joghurtbecher oder Muffinformen, die mit der Eismasse gefüllt werden. Dann anfrieren lassen und nach ca. 1 Std. **Holzstäbchen** (Haushaltswarengeschäft) oder kleine **Plastiklöffel** hineinstecken. Für eine Mini-Erfrischung für Partys und Empfänge eignen sich auch **Eiswürfelbehälter,** in die man kleine Pommes-Frites-Gabeln steckt. Für alle Rezepte in diesem Buch wurden Eisformen von 50 ml Inhalt gewählt, jeweils immer für 6 Portionen.

Wenn die Eismasse in der Form fest geworden ist, diese kurz unter **warmes Wasser** halten, vorsichtig die Form lösen, dabei aber nicht zu stark am Stiel ziehen. Nun ist das Eis genussbereit.

GEHEIMNISSE AUS DEM EISLABOR

Mit den Tipps und Tricks für die hauseigene Gelateria zaubern Sie sti(e)lvolle, cremige Erfrischungen, die herrlich nach natürlichen Zutaten schmecken und zudem ganz ohne Eismaschine auskommen.

OHNE EISMASCHINE Supercremiges Eis geht auch ohne! Eis in den Formen 1 Std. anfrieren lassen, mit einem Holzstäbchen durchrühren und wieder weiter gefrieren lassen. Nach 1 Std. das Ganze wiederholen. Dann mit dem passenden Stiel verschließen und noch ca. 2 Std. warten, bis die Eismasse ganz fest ist.

MILCHPRODUKTE Mit Joghurt statt Sahne oder Mascarpone ist Ihr Eis fettärmer, aber es muss beim Gefriervorgang mehrmals umgerührt werden, damit sich nicht so viele Eiskristalle bilden. Sahne ist ein exzellenter Geschmacksträger. Steif geschlagen, verfeinert sie die Struktur des Eises. Schmand, Mascarpone oder Sahnejoghurt intensivieren durch ihren Fettgehalt den Geschmack.

EIGELB Es festigt die Struktur der Eiscreme und veredelt den Geschmack.

ALKOHOL Er gibt Sorbets eine angenehmere Konsistenz, weil er den Gefrierpunkt senkt. Außerdem kann er interessante Geschmacksnoten ins Eis zaubern. Aber bitte subtil dosieren und, falls Kinder mitessen, ganz weglassen und lieber Fruchtsirups verwenden.

SÜSSUNGSMITTEL Honig, Sirup und besonders Invertzucker machen Eis und Sorbet cremiger als normaler Haushaltszucker. Wer viel Eis herstellt, für den lohnt es sich, Invertzucker selbst herzustellen. In allen Eisrezepten können Sie den Zuckergehalt zu einem Drittel durch Invertzucker ersetzen. Jedoch nicht mehr, weil Invertzucker mehr süßt als üblicher Zucker.

INVERTZUCKER SELBER MACHEN Für ca. 1,3 l 1 kg Zucker, ½ l Wasser und 1 ½ TL Zitronen- oder Weinsteinsäure (Apotheke) in einen hohen (wichtig, weil die Masse stark sprudelt) Topf geben, gut verrühren und dann auf 70–80° erhitzen. Die Temperatur am besten mit einem Einmachthermometer prüfen. Diese Temperatur bei schwacher Hitze 1 ½ Std. halten, dabei ab und zu umrühren. Dann 1 ½ TL Natron hinzufügen (das neutralisiert die Weinstein- oder Zitronensäure). Jetzt bildet sich auf dem Sirup Schaum, der nicht abgeschöpft werden muss. Den Invertzucker abkühlen lassen, in saubere Flaschen füllen und diese verschließen. Er hält sich ähnlich lange wie Honig.

AUF DIE SIND ALLE HEISS!

simply good!

VANILLE-SCHMAND-EIS

1 Vanilleschote ++ 180 ml Vollmilch ++ 1 Eigelb ++ 70 g Schmand ++ 50 g Puderzucker ++ 80 g Sahne

Für 6 Eis à 50 ml | Zubereitung **30 Min.** | Gefrieren **4 Std.**
Pro Eis ca. **120 kcal, 2 g EW, 8 g F, 11 g KH**

1 Die Vanilleschote längs aufschlitzen, das Mark herauskratzen und mit der Milch in einen Topf geben. Milch unter Rühren aufkochen und bei schwacher Hitze 5 Min. köcheln lassen. Vom Herd nehmen, das Eigelb mit 2 EL warmer Milch verrühren und mit einem Schneebesen unter die übrige Milch rühren. Unter Rühren wieder erwärmen, aber nicht kochen. Wenn die Masse leicht cremig ist, den Topf in eine große Schüssel mit eiskaltem Wasser stellen und die Masse abkühlen lassen. Ab und zu umrühren, die Vanilleschote entfernen.

2 Den Schmand mit Puderzucker glatt rühren. Sahne steif schlagen und mit dem Schmand unter die Vanillemilch heben. In Förmchen (s. Seite 5) füllen und mindestens 4 Std. gefrieren lassen.

MEIN TUNINGTIPP: FRUCHTÜBERZUG
150 g gemischte Beeren mit 1 ½ EL Puderzucker fein pürieren. Durch ein Sieb streichen und bis zum Servieren kalt stellen. Das Eis aus den Formen nehmen und in die Fruchtsauce tauchen. Nochmal 5–10 Min. gefrieren lassen und dann genießen.

für Süß-schnäbel!

SCHOGGI-NUGAT-EIS

180 ml Vollmilch
1 Eigelb
70 g Nuss-Nugat- oder Mandel-Schokoladen-Creme
90 g Sahne

Für 6 Eis à 50 ml
Zubereitung **30 Min.** | Gefrieren **4 Std.**
Pro Eis ca. **130 kcal, 2 g EW, 9 g F, 9 g KH**

1 Die Milch in einen Topf geben. Unter Rühren aufkochen und bei schwacher Hitze 5 Min. köcheln lassen. Den Topf vom Herd nehmen, das Eigelb mit 2 EL warmer Milch verrühren und mit einem Schneebesen unter die übrige Milch rühren. Unter Rühren nochmals erwärmen, aber nicht kochen lassen. Wenn die Masse leicht cremig ist, die Nuss-Nugat- oder Schokoladencreme unterrühren. Den Topf in eine große Schüssel mit eiskaltem Wasser stellen. Die Masse abkühlen lassen, dabei ab und zu umrühren.

2 Die Sahne steif schlagen und unter die abgekühlte Nugat- oder Schokoladenmasse heben. In Förmchen (s. Seite 5) füllen und mindestens 4 Std. gefrieren lassen.

mit Zimtduft

SAMTIGES APFEL-EIS

200 g Schmand
1 Päckchen Bourbon-Vanillezucker
1 EL Puderzucker
½ TL Zimtpulver
200 g Apfelmus
6 Zimtstangen als Stiel (oder Holzstäbchen o. Ä.)

Für 6 Eis à 50 ml | Zubereitung **10 Min.** | Gefrieren **3 Std.**
Pro Eis ca. **125 kcal, 1 g EW, 8 g F, 12 g KH**

1 Den Schmand mit dem Vanillezucker, dem Puderzucker und dem Zimt glatt rühren. Das Apfelmus mit einem Teigspatel vorsichtig unter den Schmand ziehen. Die Schmandmasse nach Belieben marmoriert lassen oder ganz verrühren.

2 Die Masse in Förmchen (s. Seite 5) füllen und für ca. 1 Std. in das Tiefkühlgerät stellen. Dann das Eis in den Formen mit einem Holzstäbchen umrühren, damit sich weniger Eiskristalle bilden. Sobald die Masse anfängt zu gefrieren, die Zimtstangen in die Mitte der Förmchen ins Eis stecken. Dann das Eis in ca. 2 Std. fertig gefrieren lassen.

WIE KANN ICH DAS APFELEIS NOCH TOPPEN?

Probieren Sie mal fertiges Apfelmark mit Mango oder Johannisbeeren gemischt. Erwachsene dürfen das Eis gerne mit 2 EL Calvados parfümieren.

einfach frisch

FRUCHTIGES ORANGENEIS

330 ml frisch gepresster Orangensaft (von ca. 4 Orangen)
10 g Speisestärke
3 EL Zitronensaft
ca. 2 EL Orangenmarmelade oder Orangenblütenhonig

Für 6 Eis à 50 ml | Zubereitung **15 Min.** | Gefrieren **4 Std.**
Pro Eis ca. **50 kcal, 0 g EW, 0 g F, 11 g KH**

1 Den Orangensaft in einen Topf gießen. Die Speisestärke mit dem Zitronensaft anrühren und mit einem Schneebesen unter den Saft rühren. Unter Rühren aufkochen und bei schwacher Hitze ca. 2 Min. köcheln lassen. Etwas abkühlen lassen und die Marmelade oder Honig unterrühren. (Wer keine Orangenschalenstückchen im Eis möchte, sollte die Marmelade vorher mit einem Pürierstab durchmixen.) Die Masse abschmecken, eventuell noch etwas Marmelade dazugeben.

2 Die Eismasse in Förmchen (s. Seite 5) füllen und mindestens 4 Std. gefrieren lassen.

HOCHPROZENTIGE VARIANTE

Verfeinern Sie das erfrischende Eis mit 2 EL Orangenlikör. Als kleines Dessert oder Zwischengang während eines Menüs in kleine Plastikgläser füllen, 1 Std. anfrieren lassen und dann als Stiel ein Stück Zitronengras hineinstecken. Noch ca. 3 Std. gefrieren lassen.

sauer macht frisch!

ZITRONENEIS

2–3 Zitronen, davon 1 Bio
70 g Zucker
180 g Sahne

Für 6 Eis à 50 ml | Zubereitung **20 Min.** | Gefrieren **3 Std.**
Pro Eis ca. **145 kcal, 1 g EW, 10 g F, 13 g KH**

1 Die Bio-Zitrone heiß waschen, abtrocknen und die Schale fein abreiben. Aus allen Zitronen 70 ml Saft auspressen und mit 3 EL Wasser in einen Topf gießen. Den Zucker dazugeben, den Saft unter Rühren aufkochen und bei schwacher Hitze 5 Min. köcheln. Abkühlen lassen.

2 Sahne steif schlagen und mit der Zitronenschale unter den abgekühlten Zitronensirup heben.

3 Die Eismasse in Förmchen (s. Seite 5) füllen und mindestens 3 Std. gefrieren lassen.

KANN ICH AUCH LIMETTENEIS SELBER MACHEN?

Ersetzen Sie die Zitronen durch Limetten. Caipirinha-Fans mischen noch 1–2 EL Zuckerrohrschnaps (Cachaça) oder Rum unter die Eismasse.

KIWI-HIMBEER-SORBET

Vitamine eiskalt!

230 g Kiwi (ca. 3 Stück)
30 g Zucker
1 EL Limettensaft
20 g Invertzucker (s. Seite 7)
100 g frische oder TK-Himbeeren

Für 6 Eis à 50 ml
Zubereitung **20 Min.** | Gefrieren **4 Std.**
Pro Eis ca. **55 kcal, 1 g EW, 0 g F, 2 g KH**

1 Die Kiwis schälen, 2 Stück klein schneiden und in einen Topf geben. Zucker, Limettensaft und 2 EL Wasser dazugeben. Alles aufkochen lassen, umrühren und offen bei schwacher Hitze 3 Min. köcheln lassen. Die Kiwis im Topf mit einem Pürierstab fein mixen und die Masse abkühlen lassen. Wer die Kerne nicht mag, kann die Kiwimasse durch ein Sieb streichen. Anschließend den Invertzucker unterrühren.

2 Die restliche Kiwi in mindestens sechs Scheiben schneiden und jeweils eine an den Rand der Förmchen (s. Seite 5) stellen. Die Kiwimasse zur Hälfte einfüllen, die Hälfte der Himbeeren in die Formen verteilen, restliche Kiwimasse einfüllen und die übrigen Himbeeren etwas in die Form drücken.

3 Das Eis ins Tiefkühlgerät stellen und mindestens 4 Std. gefrieren lassen.

mit Knusper-spitze

HEIDELBEER-PISTAZIEN-EIS

200 g frische Heidelbeeren ++ 1 EL Zitronensaft ++ 3 EL Puderzucker ++ 150 g Mascarpone ++ 50 g weiße Kuvertüre ++ 30 g gehackte Pistazien

Für 6 Eis à 50 ml | Zubereitung **15 Min.** | Gefrieren **4 Std.**
Pro Eis ca. **240 kcal, 3 g EW, 18 g F, 17 g KH**

1 Die Beeren waschen und abtropfen lassen. Mit dem Zitronensaft, Puderzucker und Mascarpone in eine Rührschüssel geben und alles mit einem Pürierstab fein pürieren.

2 Die Masse in Förmchen (s. Seite 5) füllen und mindestens 4 Std. gefrieren lassen. Vor dem Servieren die Kuvertüre grob hacken und in einer kleinen Metallschüssel über dem heißem Wasserbad schmelzen. Etwas abkühlen lassen. Die Pistazien mittelgrob hacken.

3 Das Heidelbeereis aus den Formen lösen, die Eisspitzen kurz in die warme Kuvertüre tauchen und sofort mit den gehackten Pistazien bestreuen. Auf Backpapier trocknen lassen.

Mit Vitamin C

BANANEN-SANDDORN-EIS

2 Mini-Bananen (ca. 80 g Fruchtfleisch)
ca. 2 EL Sanddorn-Orange-Fruchtaufstrich
50 g Naturjoghurt
100 g Sahne

Für 6 Eis à 50 ml | Zubereitung **10 Min.** | Gefrieren **3 Std.**
Pro Eis ca. **80 kcal, 1 g EW, 6 g F, 6 g KH**

1 Die Bananen schälen und das Fruchtfleisch mit einer Gabel zerdrücken. Den Sanddorn-Fruchtaufstrich und den Naturjoghurt unter die Bananenmasse rühren. Die Sahne steif schlagen und unterrühren. Die Masse abschmecken, eventuell noch mit Fruchtaufstrich nachsüßen.

2 Die Eismasse in Förmchen (s. Seite 5) füllen und ca. 3 Std. gefrieren lassen.

MEINE EXOTISCHE VARIANTE

Mischen Sie 1 EL fein gehackten eingelegten Ingwer und 1 ½ EL Ingwersirup aus dem Glas statt des Sanddorn-Aufstrichs unter die Eismasse.

EISKALT
ERWISCHT

sahnig
stark

ESPRESSO-EIS

40 g Löffelbiskuits ++ 2 gestrichene TL Instant-Espresso-Pulver ++ 200 g Sahne ++ 1 Päckchen Bourbon-Vanillezucker ++ 2 EL Kaffeelikör nach Belieben

Für 6 Eis à 50 ml | Zubereitung **10 Min.** | Gefrieren **3 Std.**
Pro Eis ca. **140 kcal, 1 g EW, 11 g F, 9 g KH**

1 Die Biskuits mit dem Espressopulver im Blitzhacker (oder in einem Gefrierbeutel) fein zerkrümeln. Die Sahne mit dem Vanillezucker steif schlagen. Nach Belieben den Likör untermischen. Die zerkrümelten Biskuits unter die Sahne ziehen.

2 Die Eismasse in Förmchen (s. Seite 5) füllen und 3 Std. gefrieren lassen.

HOCHPROZENTIGE VARIANTE

Der italienische Anislikör Sambuca passt sehr gut zum Kaffeearoma. Unbedingt mal ausprobieren, dann statt des Kaffeelikörs 1–2 EL davon unter die Eismasse mischen.

viel Aroma drin

TONKABOHNEN-EIS
MIT ERDBEERMANTEL

1 kleine Tonkabohne (Gewürzhandel oder Apotheke)
180 ml Vollmilch
1 Eigelb
70 g Schmand
50 g Puderzucker
80 g Sahne
100 g Erdbeeren
1 gehäufter TL Zucker

Für 6 Eis à 50 ml | Zubereitung **25 Min.** | Gefrieren **4 Std.**
Pro Eis ca. **130 kcal, 2 g EW, 8 g F, 12 g KH**

1 Tonkabohne grob zerkleinern. Milch mit der Bohne in einem Topf unter Rühren aufkochen und 5 Min. köcheln lassen. Vom Herd nehmen und 5 Min. abkühlen lassen. Das Eigelb mit 2 EL warmer Milch verrühren und mit einem Schneebesen unterrühren. Die Masse unter Rühren nochmals bei schwacher Hitze ca. 2 Min. erwärmen, aber nicht kochen lassen. Wenn sie leicht cremig ist, in eine große Schüssel mit eiskaltem Wasser stellen. Die Masse erkalten lassen, dabei ab und zu umrühren. Durch ein Sieb streichen.

2 Schmand mit Puderzucker glatt rühren. Die Sahne steif schlagen und beides unter die kalte Vanillemilch heben. In Förmchen (s. Seite 5) füllen und mindestens 4 Std. gefrieren lassen.

3 Die Erdbeeren waschen, entkelchen und mit dem Zucker fein pürieren. Nach Belieben durch ein Sieb streichen und bis zum Servieren kalt stellen. Das Eis aus den Formen nehmen. Eine Spritze ohne Nadel oder eine Schokoladenfeder mit dem Fruchtmark aufziehen und Streifen, Spiralen oder Kreise über eine Eisseite spritzen. Das Eis ins Gefrierfach legen, ca. 5 Min. gefrieren lassen, herausholen und die andere Seite verzieren, nochmals gefrieren.

MEIN SCHLANKER TIPP
Statt Schmand können Sie auch Naturjoghurt nehmen; das macht das Eis etwas leichter.

Paul

schnell gemixt

MANGO-KOKOS-EIS

1 kleine reife Mango
1 Bio-Limette
2 EL Puderzucker
130 g Kokosjoghurt

Für 6 Eis à 50 ml | Zubereitung **10 Min.** | Gefrieren **5 Std.**
Pro Eis ca. **70 kcal, 1 g EW, 2 g F, 12 g KH**

1 Die Mango schälen, das Fruchtfleisch vom Stein schneiden und klein würfeln (es sollten ca. 200 g Mangowürfel sein). Die Würfel in ein gefriertaugliches verschließbares Plastikgefäß geben und mindestens 4 Std. gefrieren lassen, bis sie ganz durchgefroren sind. Die Limette heiß waschen, abtrocknen, die Schale fein abreiben und den Saft auspressen.

2 Die gefrorenen Mangowürfel im Mixer mit Puderzucker, 1 TL Limettenschale und 1–2 EL Limettensaft fein pürieren, dann mit Kokosjoghurt zu einer geschmeidigen Masse rühren.

3 Die Eismasse in Förmchen (s. Seite 5) füllen und ca. 1 Std. gefrieren lassen.

MEIN GEFRIER-TIPP

Durch das Vorgefrieren entstehen in den Früchten Eiskristalle; diese werden im Mixer zerkleinert, und das Eis wird cremiger. Sie können auch die ungefrorenen Mangowürfel pürieren und wie oben beschrieben zubereiten. Die Gefrierzeit beträgt dann ca. 4 Std.

MEIN TUNING-TIPP

Ausgefallen wird Ihr Eis, wenn Sie noch 1 TL fein geriebenen Ingwer dazugeben. 2 Tropfen ätherisches Zitronengrasöl bringen den absoluten Aromakick.

für Schoko-holics

SCHOKOLADENEIS
MIT MANDELN

160 g Zartbitterschokolade
(70 % Kakaogehalt)
½ Vanilleschote
180 ml Vollmilch
1 Eigelb
90 g Sahne
50 g geschälte, gehackte Mandeln
oder Mandelsplitter

Für 6 Eis à 50 ml | Zubereitung **25 Min.** | Gefrieren **4 Std.**
Pro Eis ca. **255 kcal, 5 g EW, 21 g F, 11 g KH**

1 Die Schokolade grob hacken. Die Vanilleschote längs aufschlitzen, das Mark herauskratzen und mit der Milch in einen Topf geben. Unter Rühren aufkochen und bei schwacher Hitze 5 Min. köcheln lassen. 70 g Schokolade dazugeben. Die Milch vom Herd nehmen, das Eigelb mit 2 EL warmer Milch verrühren und mit einem Schneebesen unter die restliche Milch rühren. Diese nochmals erwärmen, aber nicht kochen lassen. Wenn die Masse leicht cremig ist, den Topf in eine große Schüssel mit eiskaltem Wasser stellen. Abkühlen lassen, dabei ab und zu umrühren und die Vanilleschote entfernen.

2 Die Sahne steif schlagen und unter die abgekühlte Schokoladenmasse heben. In Förmchen (s. Seite 5) füllen und mindestens 4 Std. gefrieren lassen.

3 Vor dem Servieren die restliche Schokolade in einer kleinen Metallschüssel über einem heißem Wasserbad schmelzen, dann etwas abkühlen lassen.

4 Die gehackten Mandeln in einer beschichteten Pfanne ohne Fett goldgelb rösten. Auf einen Teller geben und abkühlen lassen. Das Eis aus den Formen lösen, kurz in die warme Kuvertüre tauchen und sofort mit den gehackten Mandelstückchen bestreuen.

KANN ICH DAS SCHOKOLADEN-EIS NOCH AUFPEPPEN?

Verfeinern Sie es mit 1–2 EL Schokoladen- oder Sahne-Whiskylikör, oder verwenden Sie eine Orangen-Schokolade.

APRIKOSENSORBET

360 g reife Aprikosen ++ 60 g Zucker ++ 2 EL Zitronensaft ++ 1–2 EL Aprikosenschnaps nach Belieben ++ 30 g Invertzucker (s. Seite 7)

Für 6 Eis à 50 ml | Zubereitung **25 Min.** | Gefrieren **4 Std.**
Pro Eis ca. **75 kcal, 1 g EW, 0 g F, 18 g KH**

1 Die Aprikosen waschen, entsteinen und klein schneiden. Zusammen mit Zucker und Zitronensaft in einen Topf geben. Aufkochen lassen, umrühren und zugedeckt bei schwacher Hitze 3 Min. köcheln lassen. Die Aprikosen fein pürieren und abkühlen lassen.

2 Den Aprikosenschnaps nach Belieben und den Invertzucker unter die abgekühlte Masse mischen. In Förmchen (s. Seite 5) füllen und mindestens 4 Std. gefrieren lassen.

MEIN AROMA-TIPP

Sehr edel und fein: Geben Sie statt Aprikosenschnaps 2 TL Rosenwasser in die Masse.

Canada-Style

MAPLE-WALNUT-ICE

40 g Walnusshälften
70 g Ahornsirup
200 g saure Sahne
70 g Sahne

Für 6 Eis à 50 ml | Zubereitung **15 Min.** | Gefrieren **4 Std.**
Pro Eis ca. **150 kcal, 2 g EW, 11 g F, 10 g KH**

1 Ein Stück Backpapier doppelt falten. Die Walnüsse mittelgrob hacken. Die Hälfte des Ahornsirups in einer kleinen Pfanne mit den Walnüssen erhitzen und so lange köcheln lassen, bis der Sirup fest geworden ist und an den Nussstückchen klebt. Die Nussmasse auf dem Papier verstreichen und das Papier für 5 Min. ins Tiefkühlgerät legen.

2 Die saure Sahne mit dem restlichen Ahornsirup verrühren. Die Nüsse mit einem Messer durchhacken und unterrühren. Die Sahne steif schlagen und unter die Nussmasse ziehen.

3 Die Eismasse in Förmchen (s. Seite 5) füllen und ca. 4 Std. gefrieren lassen.

MEINE INDISCHE VARIANTE

Aus der Masse können Sie auch indisches Chai-Eis herstellen. Dazu 40 g grob gehackte Pistazien mit 50 g Honig in einer Pfanne erhitzen und wie beschrieben köcheln lassen. Dann 20 g klein gehackte Trockenfrüchte (z. B. Mango, Cranberry) und ½–1 TL Chai-Tee-Gewürz (Gewürzshop; Teeladen) untermengen. Wie beschrieben auf Backpapier streichen und ins Tiefkühlgerät legen. Dann zerkleinern und mit saurer Sahne und der steif geschlagenen Sahne mischen. Die Masse in Förmchen füllen und 4 Std. gefrieren.

DAS MACHT EINDRUCK

mit Mandel-likör

NEAPOLITANISCHES AMARETTI-EIS

40 g Amaretti (Mandelmakronen) ++ 200 g Sahne ++ 1 TL frisch abgeriebene Schale von 1 Bio-Zitrone ++ ½ TL frisch abgeriebene Schale von 1 Bio-Orange ++ 2 EL Amaretto

Für 6 Eis à 50 ml | Zubereitung **10 Min.** | Gefrieren **3 Std.**
Pro Eis ca. **145 kcal, 1 g EW, 12 g F, 6 g KH**

1 Die Amaretti im Mixer fein zerkrümeln. Die Sahne steif schlagen. Die Zitronen- und Orangenschale sowie den Likör untermischen. Die zerkrümelten Amaretti unter die Sahne ziehen.

2 Die Eismasse in Förmchen (s. Seite 5) einfüllen und 3 Std. gefrieren lassen.

MEINE CRUNCHY VARIANTE

60 g Amaretti zerkrümeln, 40 g davon in die Eismasse (Zubereitung s. oben) geben. Das Eis wie beschrieben zubereiten. Das fertige Eis aus den Formen lösen und, sobald es anfängt an der Oberfläche leicht zu schmelzen, in den restlichen Amaretti-Bröseln wenden.

das hat Pepp!

SCHOKO-PASSIONSFRUCHT-EIS

40 g Zartbitterschokolade (70 % Kakaogehalt)
180 ml Vollmilch
2 Eigelb
2 Passionsfrüchte
120 g Sahne
20 g Zucker
gemahlener Piment d'Espelette (ersatzweise Cayennepfeffer)

Für 6 Eis à 50 ml | Zubereitung **25 Min.** | Gefrieren **4 Std.**
Pro Eis ca. **140 kcal, 2 g EW, 10 g F, 9 g KH**

1 Die Schokolade klein hacken. Die Milch in einem Topf unter Rühren aufkochen lassen. Vom Herd nehmen; die Eigelbe mit 2 EL warmer Milch verrühren und diese Mischung mit einem Schneebesen unter die übrige Milch rühren. Unter Rühren nochmals erwärmen, aber nicht kochen lassen. Wenn die Masse leicht cremig ist, die Hälfte der Masse in eine Schüssel geben. Die gehackte Schokolade in die restliche Milch im Topf geben, schmelzen und abkühlen lassen.

2 Die Passionsfrüchte halbieren, das Fruchtmark auslösen und mit dem Zucker in die Eigelb-Milch-Masse in der Schüssel rühren. Diese Masse durch ein Sieb streichen.

3 Die Sahne steif schlagen und je eine Hälfte unter die Eismassen heben. Zuerst die Fruchtmasse in Förmchen (s. Seite 5) füllen, dann die Schokoladensahne. Mindestens 4 Std. gefrieren lassen.

4 Das Eis aus den Förmchen lösen und mit etwas Piment d'Espelette bestäuben.

mit Matcha-Staub

ERDBEER-MASCARPONE-EIS

200 g frische Erdbeeren
3 EL Puderzucker
150 g Mascarpone
etwas Matcha-Teepulver

Für 6 Eis à 50 ml | Zubereitung **10 Min.** | Gefrieren **4 Std.**
Pro Eis ca. **145 kcal, 1 g EW, 12 g F, 8 g KH**

1 Die Erdbeeren waschen, abtropfen lassen und entkelchen. Erdbeeren mit Puderzucker und Mascarpone in eine Rührschüssel geben und fein pürieren.

2 Die Erdbeermasse in Förmchen (s. Seite 5) füllen und mindestens 4 Std. gefrieren lassen. Dann das fertige Eis aus den Förmchen lösen und ca. 5 Min. antauen lassen. Jeweils das obere Eisdrittel leicht mit Matcha-Teepulver bestäuben.

MEIN WINTER-TIPP

Wenn Sie die Sehnsucht nach frischem Erdbeereis im Winter packt, verwenden Sie einfach 200 g TK-Erdbeeren. Diese etwas antauen lassen, sonst lassen sie sich mit dem Mascarpone nicht pürieren, und wie oben beschrieben weiterverfahren. Die Gefrierzeit verringert sich auf ca. 2 Std.

WAS IST MATCHA-TEE?

Matcha-Tee ist ein pulverfein gemahlener Grüntee aus Japan. Er hat eine intensive, grüne Farbe und einen süßlich-herben Geschmack.

rosa
fruchtig
gut

HIMBEER-LITSCHI-ROSEN-EIS

150 g TK-Himbeeren
2 TL Rosenwasser
2–3 EL Puderzucker
100 g Sahne
10 frische Litschis oder 80 g abgetropfte Litschis aus der Dose

Für 6 Eis à 50 ml
Zubereitung **10 Min.** | Gefrieren **1 Std.**
Pro Eis ca. **90 kcal, 1 g EW, 5 g F, 9 g KH**

1 Die gefrorenen Himbeeren mit dem Rosenwasser und dem Puderzucker in die Küchenmaschine geben. Gut durchmixen, dann schnell die Sahne eingießen, nochmals mixen. Die frischen Litschis schälen, von den Kernen befreien und klein schneiden. (Falls Sie Litschis aus der Dose verwenden, diese abtropfen lassen.) Die Litschis unter die Himbeermasse rühren.

2 Die Eismasse in Förmchen (s. Seite 5) füllen und ca. 1 Std. gefrieren lassen.

MEIN PRAXIS-TIPP

Wenn Sie im Sommer frische Himbeeren verwenden, können Sie die Himbeermasse durch ein Sieb streichen, damit keine Kernchen im Eis sind. Die Gefrierzeit für diese Masse beträgt insgesamt ca. 4 Std.

aus dem Orient

KARDAMOM-MANGO-EIS
MIT GRANATAPFEL

4 Kardamomkapseln
300 ml Mangosaft
10 g Speisestärke
3 EL Zitronensaft
2 EL Honig
½ Granatapfel

Für 6 Eis à 50 ml | Zubereitung **15 Min.** | Gefrieren **4 Std.**
Pro Eis ca. **70 kcal, 0 g EW, 0 g F, 17 g KH**

1 Die Kardamomkapseln anquetschen und mit dem Mangosaft in einen Topf geben. Die Speisestärke mit dem Zitronensaft anrühren und mit einem Schneebesen unter den Saft rühren. Unter Rühren aufkochen und bei schwacher Hitze ca. 2 Min. köcheln lassen. Die Masse durch ein Sieb streichen, den Honig unterrühren und alles abkühlen lassen.

2 Die Granatapfelkerne auslösen und auf Formen (s. Seite 5) verteilen. Die abgekühlte Eismasse einfüllen und mit einem Stäbchen umrühren. Das Eis mindestens 4 Std. gefrieren lassen.

MEIN DEKOTIPP

Besonders attraktiv sieht das Eis geschichtet aus. Füllen Sie nur ein Drittel der Mangomasse in die Formen, diese 1 Std. gefrieren lassen; einige Granatapfelkerne darübergeben und etwas Mangomasse. Wieder 1 Std. gefrieren lassen und den Vorgang nochmals wiederholen.

Die Autorin

Christina Richon ist seit mehreren Jahren als Kochbuchautorin und Rezeptentwicklerin für namhafte Verlage und Firmen tätig und entwickelt kulinarische Projekte für Restaurants und die Industrie. Sie hat in den letzten Jahren mehrere Preise und Wettbewerbe gewonnen. Ihre Art zu kochen nennt sie »kulinarische Aromatherapie« und spickt ihre eher unkomplizierten Rezepte mit Blüten, Kräutern, Gewürzen und vielen Aromen. Seit über 25 Jahren stellt sie Naturkosmetik und aromatherapeutische Mischungen her. Sie erteilt Kochkurse und gibt kulinarische Events in Deutschland, der Schweiz und im sonstigen Ausland.

Der Fotograf

Klaus Maria Einwanger ist selbstständiger Fotograf in Rosenheim. Vor Ort und im Ausland arbeitet er für Zeitschriften, Buchverlage und Werbeagenturen. Kreativ setzt er dabei Food-Spezialitäten aus aller Welt perfekt ins Bild. Fürs Foodstyling in diesem Buch war Sven Dittmann verantwortlich.

Bildnachweis

Titelfoto: EISING STUDIO Food Photo & Video/Martina Görlach; alle anderen: Klaus Maria Einwanger

www.facebook.com/gu.verlag

Projektleitung: Stefanie Poziombka
Lektorat: Adelheid Schmidt-Thomé
Korrektorat: Melanie Haizmann
Layout, Typografie und Umschlaggestaltung: independent Medien-Design, Horst Moser, München
Illustrationen Seite 4, 48 und U3: Harold Lazaro, Backyard 10, München; außer S. 4 Nr. 3, U3 Nr. 6, 8: Betti Trummer, Hamburg
Satz: Liebl Satz+Grafik, Emmering
Herstellung: Sigrid Frank
Reproduktion: Repro Ludwig, Zell am See
Druck und Bindung: Druckhaus Kaufmann, Lahr

ISBN 978-3-8338-2890-4
4. Auflage 2014

Syndication: www.jalag-syndication.de

GRÄFE UND UNZER

Ein Unternehmen der
GANSKE VERLAGSGRUPPE

QUALITÄTS G|U GARANTIE

DIE GU-QUALITÄTS-GARANTIE

Liebe Leserin, lieber Leser,
wir möchten Ihnen mit den Informationen und Anregungen in diesem Buch das Leben erleichtern und Sie inspirieren, Neues auszuprobieren. Alle Informationen werden von unseren Autoren gewissenhaft erstellt und von unseren Redakteuren sorgfältig ausgewählt und mehrfach geprüft. Deshalb bieten wir Ihnen eine 100 %ige Qualitätsgarantie. Sollten wir mit diesem Buch Ihre Erwartungen nicht erfüllen, lassen Sie es uns bitte wissen. Sie erhalten von uns kostenlos einen Ratgeber zum gleichen oder ähnlichen Thema. Wir freuen uns auf Ihre Rückmeldung, auf Lob, Kritik und Anregungen, damit wir für Sie immer besser werden können.

GRÄFE UND UNZER Verlag
Leserservice
Postfach 86 03 13
81630 München
E-Mail:
leserservice@graefe-und-unzer.de

Telefon: 00800 / 72 37 33 33*
Telefax: 00800 / 50 12 05 44*
Mo–Do: 8.00–18.00 Uhr
Fr: 8.00–16.00 Uhr
(gebührenfrei in D, A, CH)*

Ihr GRÄFE UND UNZER Verlag
Der erste Ratgeberverlag – seit 1722.

So viel mehr lecker.

ISBN 978-3-8338-2843-0

ISBN 978-3-8338-0670-4

ISBN 978-3-8338-1426-6

Laden im App Store

ANDROID APP BEI Google play

ISBN 978-3-8338-0660-5

e Alle hier vorgestellten Bücher sind auch als eBook erhältlich.

ISBN 978-3-8338-1376-4

Mehr von GU auf **www.gu.de** und
facebook.com/gu.verlag

G|U

Willkommen im Leben.

ÜBER DEN FÖRMCHENRAND

1 Made in China – wie so vieles haben die alten Chinesen höchstwahrscheinlich auch das Eis »erfunden« – bestehend aus Gletscherschnee, Früchten, Honig und Rosenwasser. Eis muss schon immer eine so begehrte Spezialität gewesen sein, dass sich trotz fehlender Kühlkette die Kunst der Herstellung über alle Zeiten erhalten hat. Und dies vor allem in warmen Ländern. Im 13. Jahrhundert beschrieb Marco Polo die Herstellung einer Kältemischung aus Schnee, Wasser und Salpeter, die er in China gesehen hatte.

2 Hippokrates verschrieb seinen Patienten schon um 300 v. Chr. Eis als Genesungsmittel. Speiseeis sollte bei der Krankenbehandlung die Säfte beleben und die Kräfte heben.

3 Katharina von Medici brachte 1533 eine Eismischung aus Wasser, Fruchtsaft oder -püree nach Frankreich. Als sie mit Heinrich II. vermählt wurde, hat es laut Chroniken ein zartes, dickflüssiges Gefrorenes aus Himbeeren, Orangen und Zitronen gegeben. Eisrezepte waren an den Höfen und in Haushalten reicher Römer ein Staatsgeheimnis. Dem gemeinen Volk stand diese eiskalte Köstlichkeit wahrscheinlich nicht zu.